Anna vom Sternengrund

Mystischer Psalter

Meditation heilsamer Worte

Band 1

Buch der Hoffnung

Liebe Leserinnen und Leser, da ich den Textfluss nicht unnötig unterbrechen möchte, werde ich im Verlauf des Textes lediglich die männliche Form verwenden. Frauen, Männer und nicht–binäre Personen sind natürlich immer in gleicher Weise gemeint.

Dieses Buch ersetzt nicht den Gang zur Ärztin/zum Arzt oder zur Psychotherapeutin/zum Psychotherapeuten. Wenn Du ernsthafte psychische Probleme hast, solltest Du den Weg zum Profi einschlagen. Gehe lieber früher als später dorthin.

Inhaltsverzeichnis

Der Mystische Psalter als Weg der Hoffnung

Der Weg der Hoffnung

Wie kann ich glücklich werden? Wie kann ich ein glückliches und erfülltes Leben führen? Wie werde ich frei von den Sorgen und Nöten des Alltags? Das sind zentrale Fragen, die sich die Menschen seit Anbeginn ihrer Existenz gestellt haben. Der Mystische Psalter gibt darauf diese Antwort: Wenn ich mein höheres Selbst – das Göttliche in mir – erkenne, dann werde ich Glück und Fülle erleben. Dann kann ich das Einssein mit dem Göttlichen wahrnehmen und spüren. So geschieht eine fundamentale Verwandlung – eine mystische Wandlung.

Das bedeutet natürlich nicht, dass alle Schwierigkeiten, Herausforderungen und Leiden verschwinden oder sich ein für alle Mal vermeiden lassen. Aber diese mystische Wandlung und die damit verbundene (Selbst-)Erkenntnis macht es möglich, allen Leiden und Nöten anders zu begegnen. So kann ich aufhören, mir selbst und anderen zu schaden. So werde ich zu dem Menschen, der in mir angelegt ist. Ich kann mich selbst entfalten. Damit werde ich zum Segen für meine Mitmenschen und natürlich auch für mich selbst.

Die mystische Wandlung verändert alles: Ich bin nicht mehr wie ein Blatt im Wind, das sich ganz und gar von den Stürmen des Lebens hin und her wehen lässt. Ich bin nicht mehr meinem Kummer, meinen Schmerzen und Leiden, meinen Ängsten und Sorgen ausgeliefert. Denn ich weiß mich in meinem Inneren geborgen – in meinem höheren Selbst, dem Göttlichen in mir. Es wird mir zur Schutzhütte. Dort ist meine Stärke. Dort bin ich eins mit der göttlichen Weisheit, Liebe und Gerechtigkeit.

Ich erlebe mein Einssein mit meinem göttlichen Wesenskern, indem ich mich abwende von meinem Ego. Dieses ist jene Bewusstseinsebene, die mir einredet, mein wahres Sein erschöpfe sich in meinen spontanen Emotionen, Sorgen und Wünschen.

Es sind gerade diese Illusionen, die ein Großteil meiner Leiden ausmachen. Sie verstärken oft meine Nöte, sie entfachen vielfach Wut, Neid und tiefe Traurigkeit. Sie führen häufig zu sinnlosen Vergleichen, destruktiven Gedanken und zerstörerischen Gefühlen.

Doch der Mystische Psalter beschreibt nicht nur dieses tiefe Tal der Tränen mit seinen Gefühlen der Angst, der Einsamkeit und Traurigkeit. Er zeigt mir und allen, die ihn lesen, auch einen Weg heraus aus diesem Leiden – einen Weg der (Selbst-)Erkenntnis, der Selbstwirksamkeit und Selbstannahme und schließlich auch der Menschen- und Selbstliebe. Diesen Weg zeichnet der Mystische Psalter in sechs Bänden nach. Auf diesem Pfad lassen sich verschiedenen Stationen erkennen. Sie entsprechen den Phasen, die uns Menschen auch in verschiedenen Mythologien begegnen. Der Religionswissenschaftler Joseph Campbell hat viele alten Mythen erforscht und ein grundlegendes Modell dieser Phasen vorgestellt – die sogenannte „Heldenreise". Es handelt sich um eine Reihe von Stationen, die Helden bei der Bewältigung ihrer Aufgabe durchlaufen. Aber nicht nur in der Mythologie, sondern auch in vielen Romanen und Filmen lassen sich diese Stationen wiederfinden. Inzwischen werden sie auch in der Beratung und Therapie eingesetzt.

Die Heldenreise beginnt mit dem Ruf, in die Fremde aufzubrechen, um jene Aufgabe zu erfüllen, zu der die Person berufen ist. Diese aber verweigert sich zunächst der Aufforderung. Doch dann ändert sich ihre Geisteshaltung und sie bricht zur Reise auf. Sie erlebt Höhen und Tiefen, begegnet einem Mentor und besteht schwierige Prüfungen. Schließlich gerät sie in einen Zustand tiefster Verzweiflung und Hoffnungslosigkeit. Am Ende steht aber ihr Sieg. Nun werden ihr Mut und Kampfgeist belohnt und sie kehrt siegreich in ihre Heimat zurück.

Auch im Psalter lässt sich also dieses Muster finden ... allerdings begegnen wir ihm hier in wesentlich komplexerer Form als bei vielen anderen Texten. Die einzelnen Phasen sind zwar erkennbar und prägen den Psalter in ihrer jeweiligen Strecke. Aber es gibt zugleich nicht nur einen Handlungsstrang, sondern eine große Gleichzeitigkeit von Gefühlen, Gedanken und Handlungen. Darin ist er ganz realistisch und lebensnah! Der Psalter zeigt in allen Phasen – in all seinen Bänden – die ganze Vielfalt menschlicher Erfahrungen. Da findet sich überall das Element des Rufs und der Reise, des inneren Kampfes und des Leidens, aber auch der Belohnung, der Freude und des Segens. Der Mystische Psalter ist vergleichbar mit der Schichtmalerei, bei dem dünne und deckende Farbschichten auf die Leinwand aufgetragen werden. Mal dominiert das Leiden und die Traurigkeit, mal die Hoffnung und mal die Freude. Am Ende wird alles zu einem harmonischen Gesamtwerk!

Dieser Besonderheit des Psalters habe ich insofern Rechnung getragen, als ich mich entschlossen habe, die einzelnen Phasen der Heldenreise – je nach Version variieren sie zwischen 12 und 17 Phasen – zu sechs Phasen zusammenzufassen.

Alles beginnt beim Mystischen Psalter mit der Hoffnung und Erwartung, dass jedem Menschen ein gutes Leben bestimmt ist – nicht ein Leben des Mangels und Leidens, sondern eines des Glücks und der Erfüllung. Deshalb durchzieht das Thema Hoffnung wie ein roter Faden den ersten Band des Psalters. (Dazu später mehr.) Damit ergeht auch ein Ruf an den Menschen, nicht in seinem jetzigen Leben und seiner aktuellen Geisteshaltung zu verharren, sondern sich aufzumachen und dem Ruf, der aus seinem Innern kommt, zu folgen. Es ist der Ruf, nicht an seinen Illusionen festzuhalten, sondern sie loszulassen und sich der Wahrheit zuzuwenden – der Wahrheit, dass in ihm das Göttliche wohnt, sein höheres Selbst! Es ist auch der Ruf, den eigenen ganz persönlichen Weg zu gehen!

Der zweite Band zeigt die ganze Widersprüchlichkeit des Aufbruchs. Da gibt es Verse voller Trost und Zuversicht. Das höhere Selbst redet. Es hilft, tröstet und spendet Mut. Gleichzeitig wird aber deutlich, wie weit der Weg zum Ziel, zu Glück und Erfüllung noch ist. Da gibt die Weigerung der suchenden Seele, sich der Wirklichkeit des höheren Selbst zu stellen, aber auch Erkenntnisfortschritte. Bei alledem bleibt das zentrale Motiv des zweiten Bandes der Trost.

Vertrauen ist das grundlegende Thema des dritten Bandes des Psalters. Denn ohne Vertrauen lässt sich die Schwelle der Erkenntnis nicht überschreiten. Ohne

Vertrauen ist es nicht möglich, die Prüfungen des Alltags zu bestehen und an (Selbst-)Erkenntnis zu wachsen.

Der vierte Band führt den Gedanken der Heldenreise weiter. Es geht um eine innere Reise, die kein Erholungsurlaub ist, sondern eine Expedition ins Ungewisse, die bis in die tiefste Verzweiflung führen kann. Dabei zeigt sich, wie wichtig das zentrale Motiv des vierten Bandes ist: die innere Stärke, die sich aus dem höheren Selbst, dem Göttlichen im Menschen, speist.

Wie bei der Heldenreise ist auch beim Mystischen Psalter die beschwerliche Reise heilsam. Sie bringt im wahrsten Sinn des Wortes Segen. Deshalb steht auch der Segen im Zentrum des fünften Bandes. Das Ganze gipfelt dann in der großen Freude, im unendlichen Glück, das der Reisende am Ende seines Abenteuers empfindet. Deshalb ist die Freude das zentrale Motiv des sechsten und letzten Bandes. Darin wird das große Loblied gesungen, das das höhere Selbst, das Göttliche im Menschen, preist. Und dieses Selbst ist zugleich der Grund des gesamten Kosmos, in dem wir Menschen alle leben und miteinander verbunden sind! Durch dieses Selbst haben in jedem Menschen Weisheit, Liebe und Gerechtigkeit ihre Heimstatt. So gibt es in all den Nöten und Leiden der Welt in jedem Menschen einen Ort des Glücks und der Erfüllung.

Wer sich dieser innewohnenden Stärke zuwendet – dem höheren Selbst –, ist den Stürmen des Lebens, den eigenen Erfahrungen, Gefühlen und Gedanken, nicht mehr schutzlos ausgeliefert. Denn dieses Selbst ist eine uneinnehmbare Burg, eine sichere Schutzhütte! Dieser sichere Ort ist in jedem von uns Menschen!

Gleichzeitig ist dieses Göttliche im Menschen eine Quelle der Inspiration, Stärke, Fülle und Erfüllung. Der Psalter weist den Weg zu dieser Quelle. Er führt vom Anhaften an Illusionen und dem Festhalten am eigenen Ego – das einem mehr schadet als nutzt – hin zu einem Leben in großer Freiheit und Erkenntnis, hin zu einem Leben, in dem Weisheit, Liebe und Gerechtigkeit zu Hause sind! Zu all dem bist auch Du eingeladen, liebe Leserin und lieber Leser!

Hoffnung als Lebenselixier

Der Mystische Psalter beginnt mit einer Botschaft der Hoffnung. Sie ist die Erwartung, dass alles gut wird, dass Leiden und Sorgen, Ängste und Traurigkeit nicht das letzte Wort haben, dass sich der Mangel überwinden lässt, dass der Mensch zum Glück bestimmt ist. Dabei beschreibt der Psalter keine Hoffnung, die im Ungefähren bleibt. Die Hoffnung hat eine Richtung: Sie nimmt das höhere Selbst, das Göttliche im Menschen, in den Blick. Davon erwartet der meditierende Mensch Hilfe und Rettung, Glück und Erfüllung. Es ist also eine frohe Erwartung, die das erste Buch des Mystischen Psalters prägt.

Aber diese Hoffnung macht nicht passiv, sie beeinträchtigt nicht die eigene Motivation und Stärke. Denn im Mystischen Psalter kommt Hilfe und Unterstützung nicht von einem jenseitigen Wesen. Vielmehr ist das Göttliche im Menschen, sein höheres Selbst, des Menschen Hoffnung! Dieses Göttliche ist zugleich der allen gemeinsame Grund der Existenz, der Urgrund des gesamten Kosmos. Es wandelt alles zum Besseren. Lässt sich der Mensch auf diesen Urgrund ein, geschieht seine mystische Wandlung. Er erkennt sein wahres Wesen ... das Göttliche in ihm. Und das gibt ihm die Kraft, seine Lebensreise zu bestehen und sie fruchtbar werden zu lassen ... für seine Mitmenschen und für ihn selbst. Das befreit ihn zu seinem wahren Sein.

(Selbst-)Erkenntnis errettet den Menschen. So entlarvt der Mensch seine Illusionen. Er versteht, dass es die eigenen Illusionen sind, die der tiefste Grund für vielerlei Leiden sind. Diese Erkenntnis sprengt die Ketten der Angst und des Mangels. Der Mensch sieht sich nicht mehr als Mangelwesen und Problem, sondern nimmt das Göttliche, das Vollkommene in sich wahr. Diese neue Sichtweise, dieser Perspektivwechsel macht alles neu! Aus Mangel wird Fülle und Glück. Der Mensch ist nicht mehr seinem blinden Schicksal ausgeliefert. Er wird selbst aktiv und begibt sich auf eine innere Reise, an deren Zielpunkt Selbstannahme und Selbstliebe stehen – und damit das größte Glück menschlicher Existenz. Denn die Selbstliebe bildet die Grundlage für Weisheit, Gerechtigkeit und allumfassende Liebe auch zu anderen Wesen.

Die Hoffnung und frohe Erwartung auf dieses Glück ist der Ausgangspunkt und der ständige Kompass auf der inneren Reise des Menschen. Sie gibt ihm Mut und Stärke. Sie lässt den Menschen alle Herausforderungen und Dunkelheiten auf dem Weg überwinden. Gleichzeitig nimmt sie das Erreichen des Ziels schon vorweg. Die Hoffnung lässt den Menschen bereits im Hier und Jetzt die Freude und den Segen erfahren, die ihm bei Erreichen des Ziels bestimmt sind.

Woher stammt der Mystische Psalter?

Er geht auf das Buch der Psalmen im Alten Testament zurück. Dieses umfasst 150 Gebete. Wahrscheinlich stammen sie aus dem 6. bis 2. Jahrhundert vor Christus. Der Überlieferung nach sind sie aber bedeutend älter: Ein Großteil von ihnen soll auf König David zurückgehen, der etwa um 1000 vor Christus regiert hat. Viele christliche Kirchen nutzen diese Gebetssammlung als liturgisches Textbuch für ihre Gottesdienste. Sie sind seit den Tagen der christlichen Urgemeinde Teil des täglichen und sonntäglichen Gottesdienstes.

Vor allem im sogenannten „Stundengebet" spielen die Psalmen eine außerordentlich wichtige Rolle – eine Gebetsform, die heute vor allem in christlichen Klöstern gepflegt wird. Christliche Einsiedlerinnen und Einsiedler haben im spätantiken Ägypten die Psalmen halblaut rezitiert. Im Mittelalter wurden sie in Form des gregorianischen Chorals gesungen – eine Tradition, die bis in unsere Tage hinein fortlebt.

Wer die 150 Psalmen kennt, wird schnell merken, dass die im „Mystischen Psalter" abgedruckten Meditationen aus ihnen hervorgegangen sind. Aber so ähnlich sie den Psalmen auch sind – sie unterscheiden sich doch gravierend. Denn sie sind durch eine mystische Transformation gegangen und haben ein vollständig eigenes Gepräge bekommen. So sind die Meditationen keine Gebete im traditionellen Sinne mehr. Sie stehen vielmehr in der Tradition einer überreligiösen Mystik. Darum hat die Sammlung der hier aufgeführten Meditationen auch den Namen „Mystischer Psalter" erhalten.

Wie kam es zum Mystischen Psalter?

Ich habe die traditionellen Psalmen im klösterlichen Stundengebet kennengelernt. So sehr sie mich wegen ihrer kraftvollen poetischen und spirituellen Sprache faszinierten, so sehr schreckten mich gleichzeitig doch manche ihre Aussagen ab. Das gilt gerade für die sogenannten Fluchpsalmen, in denen den Feinden im wahrsten Sinne des Wortes die Pest an den Hals gewünscht wird. Ich lernte zwar als Theologin verschiedene Psalmenadaptionen kennen, war aber von keiner dieser Nachdichtungen überzeugt. Im ersten pandemiebedingten Lockdown 2020 kam mir dann die Inspiration für den Mystischen Psalter. Ich nahm mir Psalm für Psalm vor und übertrug die Worte neu für diese Zeit, ohne auf die dogmatische Überlieferung und die althergebrachte Tradition der Kirche zu achten. Als Textgrundlage diente mir die Lutherbibel von 1912. Immer mehr wurde meine Arbeit zum Selbstläufer. Beim Übersetzen gewann ich tiefe mystische Erkenntnisse. Ich verstand, dass es nicht um die Verfluchung der Feinde, sondern um das Ablegen der Illusionen, um die Abkehr vom Ego geht. Der wahre spirituelle Kampf des Menschen findet nicht in der Auseinandersetzung mit „Ungläubigen" statt, sondern im eigenen Inneren. Zugleich gewann ich die Einsicht, dass sich auch das

Gottesbild des Psalters mystisch verstehen lässt. Dabei geht es nicht um einen Gott, der im Außen ist, sondern um das Göttliche im Menschen, um sein höheres Selbst. Damit öffneten sich die Türen zu anderen Weltreligionen wie etwa dem Hinduismus. Gleichzeitig nehme ich mit dieser Interpretation Elemente der christlichen und jüdischen Mystik auf. Das Gleiche gilt für die Kirchenväter. Viele von ihnen lehrten nämlich, dass die Bibelworte auf vierfache Weise verstanden werden können: wörtlich und als Botschaft des Glaubens, der Liebe und der Hoffnung. Viele Begriffe dienen dabei als Chiffren oder Symbole höherer Wirklichkeiten. So kann zum Beispiel das Wort „Jerusalem" ganz verschiedene – eben: vier – Bedeutungsebenen haben. Diese Lehre vom Vierfachen Schriftsinn hilft, in spirituellen Schriften neue und tiefere Dimensionen zu erkennen.

Als ich die Psalmen in den verschiedenen Lockdowns 2020/2021 übertrug, erkannte ich, dass ich in Wirklichkeit an einer Neuschöpfung arbeitete. Deshalb habe ich diese Texte auch Meditationen genannt. Denn sie sind eben keine klassischen Psalmen mehr. Sie meditieren vielmehr die wichtigsten Lebensfragen des Menschen ... und das in der Tradition einer überreligiösen Mystik.

In der Corona-Pandemie wurden mir diese Meditationen selbst zur Zuflucht und zur Kraftquelle. Ich begann, sie täglich halblaut zu rezitieren. Natürlich nicht alle auf einmal, sondern – verteilt über den Tag – jeweils eine Meditation. So machte ich die Erfahrung, dass mich die Verse zu tragen begannen und zu inneren Realitäten wurden. Wenn ich Worte wie „Zuflucht" und „Schutz" las, spürte ich genau dies.

Wie lässt sich Mystische Psalter meditieren?

Die im Psalter versammelten Worte sind Meditationstexte. Den Untertitel des Mystischen Psalters – „Meditation heilsamer Worte" – habe ich bewusst gewählt. Zwar verstehen viele Menschen unter „Meditation" eher eine Stille-, Ruhe- oder Achtsamkeitsübung. Es gibt aber auch noch andere Meditationsformen. So praktizieren einige zum Beispiel geführte Meditationen, die Fantasiereisen oft zum Verwechseln ähnlich sind. In der Regel nehmen Meditierende dabei eine passive Rolle ein. Eine andere Form der Meditation ist dagegen die aktive Meditation. Darunter verstehe ich zum Beispiel körperliche Bewegungen wie den Tanz der Derwische, achtsames Handeln oder das laute Rezitieren oder Singen von Mantren. Und genau dazu laden die in diesem Buch publizierten Meditationen ein: Sie wollen gesprochen und gehört werden! Denn so lässt sich besonders gut die eigene Aufmerksamkeit auf die Worte und Verse lenken. Das Rezitieren der Texte hilft, die eigenen Gedanken und Gefühle loszulassen, sich zu konzentrieren und den eigenen Geist zu sammeln.

Die Meditationen des Mystischen Psalters sind im eigentlichen Sinne Mantren. Viele kennen den Begriff aus den ostasiatischen Religionen. Es sind dort heilige Silben, Worte oder Verse. Wer sie wiederholend rezitiert, kann eine spirituelle Kraft entwickeln. Häufig kommt es dabei auf eine bestimmte lautliche Abfolge an. Im erweiterten Sinn sind Mantren Meditationssprüche, deren tönende wiederholende Rezitation spirituelle Früchte trägt. Im Hinduismus und Buddhismus – aber auch im orthodoxen Christentum mit dem Jesusgebet – spielen mantrische Gebete eine bedeutende Rolle. Das katholische Rosenkranzgebet mit seiner regelmäßigen Abfolge von Vaterunser und Ave Maria hat ebenfalls einen solchen Charakter.

In dieser Tradition mantrischer Gebete stehen die Meditationen heilsamer Worte. Die Texte sind aufgeladen mit spiritueller Energie. Sie enthalten sozusagen eine nährende spirituelle Substanz. Deshalb lade ich Dich ein, den Mystischen Psalter nicht nur einmal, sondern immer wieder zu lesen, ob nun laut, halblaut oder leise. Durch diese Rezitation nimmst Du die den Versen innewohnende Kraft auf. Lass diesen Samen der inneren Ruhe und Stärke in Dich eindringen. Durch das Feedback der Menschen, die bisher den Mystischen Psalter gelesen haben, weiß ich, dass die Rezitation tatsächlich etwas Positives bewirkt.

Buch der Hoffnung

Meditation 1

Wohl der,
die sich der Heiligen
  zuwendet,
die in der Schau der Ewigen
  ihre Erfüllung findet.

Wohl der,
  die ihren Illusionen keinen Glauben schenkt,
noch den Weg geht,
  auf den sie Täuschungen führen wollen.

Sie ist wie ein Baum,
  gepflanzt an Wasserbächen.
Sie bringt Frucht zur rechten Zeit.
Sie gleicht grünen Blättern,
  die nicht verwelken.
Was sie macht,
  das gelingt vollkommen.

Anders sind die,
  die von Täuschungen beherrscht werden.
Sie sind wie welke Blätter,
  die der Wind verstreut.
Es vergeht der Weg jener,

die ihren Illusionen folgen.
Aber der Weg jener bleibt,
die sich führen lassen
vom Göttlichen in ihnen,
ihrem höheren Selbst!

Meditation 2

Die Ewige Weisheit
  spricht zu mir:
„Du bist mein Kind,
  heute habe ich Dich geboren.
Weiche nicht von mir,
  denn ich weiche nicht von Dir.
Ich will Dir wahres Leben geben,
  dann wirst Du Macht über Dich gewinnen.
Diese Kraft zerschlägt nichts,
  sie tut niemandem Gewalt an.
Denn sie ist Weisheit!
  Sie gebiert Liebe und Gerechtigkeit.“

Warum aber toben in meiner Seele
  die Trugbilder und Hirngespinste?
  Warum vernebeln sie meine Sinne?
Sie lehnen sich auf gegen mein höheres Selbst,
  sie streiten wider das Göttliche in mir.

Lass mich zerreißen die Bande meiner Irrtümer
  und von mir werfen ihre Fesseln!
Die Ewige in mir lächelt,
  denn sie wird den Sieg davontragen.
Sie wird bleiben,

denn sie ist heilig.
Die Ewige lebt in mir.

Sprich zu Dir:
„Schau nach innen!
Erkenne Dich selbst!
Lass ab von Deinen Illusionen,
folge der Liebe und Gerechtigkeit.
Lass die Weisheit in Dir erblühen,
wachse und gedeihe.
Lass Deine Angst hinter Dir,
sonst liegt Deine Seele in Ketten,
und gebiert Leid, Trauer und Hass.“

Wohl allen,
die auf die Heilige vertrauen,
die sich von ihr leiten lassen.

Sie werden leben
durch das Göttliche im Menschen,
durch ihr höheres Selbst!

Meditation 3

Ich spreche zur Ewigen in mir:
„Du bist mein Schutz,
  in Dir finde ich Geborgenheit.
Ich ruhe in Dir.
  Du richtest mich auf,
  ich schöpfe neue Kraft."

Aber wie bedrängen mich meine Ängste!
Sie sagen mir:
  „Du findest keine Hilfe."

Ich schaue auf die Heilige in mir,
  ich lausche ihrer Stimme.
Ich schlafe
  und erwache erfrischt.
Denn sie hält mich sicher
  und gibt mir Schutz.
Ich fürchte mich nicht
  vor Täuschungen und Hirngespinsten.
Sie bedrängen mich,
  doch die Heilige hilft mir!

Ich spreche:
„In Deinem Lichte
  erkenne ich Illusionen.

Entzaubert ist ihre Kraft.
  Keinen Schaden fürchte ich.“

Bei Dir finde ich Hilfe.
  Du bist mein Segen,
Du Göttliches in mir,
  Du mein höheres Selbst!

Meditation 4

Erhöre mich,
  wenn ich zu Dir rufe,
Du Göttliches in mir,
  Du mein höheres Selbst!

Tröste mich in Angst,
  bleibe bei mir.
Schenke mir Erkenntis,
  denn ich suche Deine Weisheit.

Deine Liebe und Gerechtigkeit ...
  nach ihnen sehne ich mich!

Wie lange
  werden mich meine Illusionen verwirren?
Wie lange
  werden sie mich schwächen?
Wie hat mein Ego sie lieb
  und die Trugbilder so gerne!

Erkenne doch, meine Seele,
  wie die Heilige mich wunderbar führt,
  wie sie mich hört,
  wenn ich sie rufe.

Lass mich abkehren
  von meinen Illusionen
und mich Dir zuwenden,
  Du mein höheres Selbst!

Ich denke nach über Deine Weisheit in der Nacht,
  ich harre auf Deine Liebe am Tage.
Ich hoffe beständig auf Deine Gerechtigkeit,
  mein Flehen ist wie ein Gesang im Tempel!
Meine Angst flüstert mir zu:
  „Wer wird Dich Gutes sehen lassen?"
Ich aber weiß um Dich.
  Dein leuchtendes Antlitz erscheint.
Es freut sich mein Herz,
  auch wenn meine Ängste mich bedrängen.

Ich lege mich hin
  und schlafe ganz in Frieden.
Denn Du schützt mich,
  so kann ich sicher und glücklich wohnen.
Dank sei Dir,
Du Göttliches in mir,
  Du mein höheres Selbst!

Meditation 5

O Ewige!
Du Göttliches in mir!
Höre meine Worte,
  merke auf meine Rede.
Vernimm mein Rufen,
  zu Dir wende ich mich.

Ich spreche zu Dir
  aus der Tiefe meines Herzens
  am frühen Morgen.

Bei Dir verlieren die Illusionen ihre Macht,
  ihre Verblendung und ihre Verwirrung vergehen.
Ich weiß: das Ego
  lässt Liebe und Gerechtigkeit schwinden.
Es findet keinen Frieden
  und Freude bleibt ihm fern.
Das Ego setzt auf Ruhm und Ehre,
  auf Reichtum und Überfluss,
  auf Macht und Gewalt.
Aber die Illusionen werden verwehen.
  Das alles wird vergehen
  und nicht bestehen.
Trugbilder verwirren mich,

sie säen Misstrauen und Hass.
Aber sie vergehen
und verfehlen ihr Ziel.
Die Ewige deckt Wirrnis auf,
Bitternis und Angst.

O Ewige!
Zu Dir will ich kommen!
Deinen Tempel will ich betreten,
der in meinem Herzen ist.
Ich will mich Deiner Liebe und Gerechtigkeit öffnen.
Ich will Deiner Weisheit teilhaftig werden.

Leite mich,
damit ich Deinen Weg gehe
und meine Illusionen erkenne.
Noch sind sie stark
und mein Ego erliegt ihnen
immer und immer wieder.
Sie bewirken Leiden,
sie gebären Lügen,
Hass und Wut.
Sie stiften Chaos und Verwirrung,
sie entfachen Streit und Krieg.

O Ewige in mir,
decke ihre Trugbilder auf.

Entlarve ihre Worte und Täuschungen,
  lass mich all das erkennen.

Ich will mich Dir zuwenden!

O Ewige,
es werden sich freuen,
  die Dir trauen.
Lass sie Dein Wesen offenbaren!

Du beschirmst alle,
  die zu Dir ihre Zuflucht nehmen
  und ihre Trugbilder loslassen.
Lass sie fröhlich sein
  und Dich lieben.
Denn sie sind gesegnet.

Du beschenkst mich
  mit Weisheit, Liebe und Gerechtigkeit.
Du bist mir ein Schild und ein Schutz.

Du rettest mein Leben,
Du Göttliches in mir,
  Du mein höheres Selbst!

Meditation 6

O Ewige!
Lass mich erkennen:
  Du strafst nicht.
  Du liebst mich.
  Du führst mich zur Erkenntnis.
Lass mich dieses Glück begreifen.
  Lass mich es annehmen,
  gerade wenn ich schwach bin.
Das heilt mich.
Das stärkt meinem Körper
  und labt meine Seele.

Noch bin ich voller Angst.
Ich frage voll Ungeduld:
  „Wie lange noch?“
Ich bitte Dich:
  „Wende Dich mir zu
  und errette mich.
  Hilf mir in Deiner Weisheit.“

Ich bin so müde vom Seufzen.
  Ich überschwemme mein Bett mit Tränen.
Meine Gestalt verfällt.
  Ich fühle mich alt,

allenthalben ängstige ich mich.
Doch Deine Liebe und Gerechtigkeit
werden mir helfen.
Der Tod hat nicht das letzte Wort,
die Heilige bleibt.

Ich lasse meine Illusionen los,
denn die Ewige weiß um mich.
Sie hört mein Weinen.

Sie will kein Leid und Unheil.
Die Heilige hört auf mein Flehen
und ich lausche ihr.
So geschieht das Wunder!

Ich wende mich Dir zu,
meine Täuschungen vergehen.
Ich finde meine Heimat
bei Dir im ewigen Jetzt,
Du Göttliches in mir,
Du mein höheres Selbst!

Meditation 7

O Ewige!
Hilf mir
  und errette mich von meinen Trugbildern,
damit ich mich nicht
  angegriffen fühle
  wie von einem Löwen,
ich mich nicht zerrissen fühle
  wie seine Beute.

Wenn ich meinen Einbildungen folge
  und meine Seele auf Irrwegen geht,
wenn ich andere verletze,
  weil ich mich bedrängt fühle,
dann lass mich das erkennen.

O Ewige in mir,
ändere meinen Sinn,
  dass jede Wut eine Ende finde.
Denn ich ergreife Deine Weisheit,
  ich wende mich
  Deiner Liebe und Gerechtigkeit zu.
Lass mich den Zorn überwinden,
  den mein verführtes Ego gebiert.
Lass meine Bitternis vergehen.

Lass meine Seele erwachen,
  dass sie auf Dich höre.

Du richtest nicht,
  Du schenkst Liebe und Harmonie.
Lass meine Illusionen ein Ende finden
  und stärke mich.
Denn ich höre auf Dich,
  Du bist weise, liebevoll und gerecht.
Du kennst mein Herz,
  Du bist mein Schutzschild.
Du schenkst mir täglich Deine Liebe.

Trugbilder säen Leid und Schmerz,
  sie schlagen Wunden.
Ihre Pfeile verletzen
  und bringen Leid.
Sie gebären Lügen
  und bewirken Unglück.
Sie öffnen Abgründe,
  die mich zu Fall bringen.

Ich sehe:
  Illusionen bringen Verzweiflung.

Du aber bist mein Glück,
  ich danke Dir.

Deine Weisheit will ich loben,
  Deine Liebe und Gerechtigkeit will ich preisen
  im ewigen Jetzt,
Du Göttliches in mir,
  Du mein höheres Selbst!

Meditation 8

O Du mein ewiges Selbst!
Lass mich
  Deine Schönheit erkennen,
  die mein wahres Wesen ist.
Ich bin gesegnet
  durch Dich.
Deine Kraft ist Weisheit,
  Liebe und Gerechtigkeit.

Wenn ich sehe den Himmel und das Firmament,
  den Mond und die Sterne,
erkenne ich die Ewige,
  die Heilige.
Wie wunderbar ist diese Erkenntnis!

Du hast mich zu Deiner Wohnstatt erkoren,
  Du hast mich mit
  Weisheit, Liebe und Gerechtigkeit erfüllt.

Ich bin die Freundin
  der ganzen Schöpfung.
Ich bin die Schwester
  von Himmel und Erde,
  der Tiere im Erdkreis,

der Vögel und Bienen,
der Fische im Meer
und alles in ihm.

Du machst alles lebendig
und bringst allem Segen,
Du Göttliches in mir,
Du mein höheres Selbst!

Meditation 9

O Ewige!
Ich danke Dir von ganzem Herzen
  und erzähle von Deinen Wundern.
Ich freue mich
  und lobe Deine Weisheit,
  Du Göttliches in mir,
  Du mein höheres Selbst.

Du hast mir gezeigt,
  dass Du mich leitest
  zu höherer Erkenntnis.

Du führst mich liebevoll,
  Du bist gerecht,
Du wirkst in mir Wunder.

Du enttarnst meine Täuschungen
  und offenbarst mir ihr Wesen.
  So werden ihre Waffen stumpf.
Du bleibst,
  auch wenn mein Körper vergeht.
Du gibst den Mut zur Weisheit,
  die Stärke zur Liebe,
  die Kraft zur Gerechtigkeit.

Du bist der Leidenden Hilfe,
ihr Schutz in der Not.
Darum hoffe ich auf Dich,
denn ich habe erkannt:
Du bleibst.
Du verlässt mich nicht,
nicht in Ängsten,
nicht in Nöten.

Wer Dich sucht,
wird Deine Weisheit erkennen
und Deine Liebe und Gerechtigkeit widerspiegeln.

Wer Dich sucht,
vergisst nicht die Schreie der Leidenden,
der Armen,
der Verfolgten,
der Geflüchteten
und der Bedrohten.

Wer Dich sucht,
gedenkt des Unrechts
und vergisst nicht der Unschuldigen Blut,
das vergossen wird.

Ich leide an meinen Illusionen.
Hilf mir, sie loszulassen

und erhebe mich über sie.
Denn Du schenkst Erkenntnis.
Dann danke ich Dir
und singe Dir.
Dann bin ich fröhlich über Deine Hilfe.

Meine Illusionen sind entmachtet,
sie sind in die Grube gestürzt,
die sie selbst gegraben haben.
Meine Irrtümer haben sich verfangen
in dem Netz,
das sie ausgelegt haben.
So erkenne ich:
Du weist mir den Weg
zu Glück und Zufriedenheit,
doch meine Illusionen
führen mich weg von Dir.

Das ist meine wahre Hoffnung:
Du gibst mich nicht verloren.

Stehe auf,
komm mir zu Hilfe,
dass meine Hirngespinste
nicht die Oberhand gewinnen.
Schenke mir Deine Liebe und Gerechtigkeit.
Gib mir Weisheit und Erkenntnis.

So führst Du mich zum Heil im ewigen Jetzt,
Du Göttliches in mir,
  Du mein höheres Selbst!

Meditation 10

O Ewige in mir!
Warum fühle ich mich so fern von Dir,
 Du mein höheres Selbst,
 Du Göttliches in mir?

Warum verbirgst Du Dich
 in der Not?
Weil meine Illusionen mich beherrschen,
 leide ich.
Sie rühmen sich ihrer Macht.
 Sie sind stolz
 und vergessen Dich.
 Von Deiner Weisheit führen sie mich weg.

Meine Illusionen
 suchen Streit.
Sie greifen an
 und lauern im Verborgenen
 wie ein Löwe in der Höhle.
Sie greifen nach meiner Seele
 und ziehen mich in ihr Netz.
Die Gedanken meines Ego
 drücken mich nieder
 und stoßen mich zu Boden.

Meine Illusionen lassen mich glauben,
dass Du, o Ewige,
mich vergessen hast,
dass Du Dein Antlitz verbirgst
und ich Dich nimmermehr sehen kann.

O meine Seele:
Stehe auf,
spüre Deine Kraft,
gedenke der Ewigen in Dir!

Meine Verzweiflung spricht:
„Überall ist Elend und Jammer
und nirgends ist Hilfe."

Ich aber weiß:
Das höhere Selbst ist meine Hilfe,
die Göttliche in mir.

O Ewige!
Entkräfte die Gedanken meines Ego!
So befreist Du mich
und ewig bin ich mir
Deiner bewusst.
Du hörst mich,
Du weißt um mich,
Du schenkst mir Dein Ohr.

Du antwortest mit Weisheit,
  Liebe und Gerechtigkeit.

So erleuchtest Du mich,
Du Göttliches in mir,
  Du mein höheres Selbst!

Meditation 11

Ich vertraue Dir,
der Göttlichen in mir.
Ich vertraue Dir,
meinem höheren Selbst.

Meine Einbildungen sagen:
„Du bist in Gefahr!
Fliehe wie ein Vogel in die Berge!“
Meine Seele ist gespannt wie ein Bogen
und will Pfeile schießen
auf meine Feinde.
Meine Illusionen verstricken mich.

Doch in mir ist Dein heiliger Tempel,
Du hast Deinen Thron in mir.
Du machst mich sehend,
Deine Blicke prüfen mich.
Du verstehst mich,
Du kennst meine Illusionen.
Du schaust auf Hass und Verblendung,
auf Irrtum, Verstrickung
und Scham.
Illusionen gebären Leiden,
Blitze, Feuer und Schwefel.

Aber Du wirst zum reinigenden Regen,
der meinen Illusionen ein Ende bereitet.

Wenn ich auf Dich blicke,
schaue ich mein Wesen,
erkenne ich Weisheit, Liebe und Gerechtigkeit,
Du Göttliches in mir,
Du mein höheres Selbst!

Meditation 12

O Du Göttliches in mir!
Hilf mir!
  Mein Vertrauen auf Dich ist schwach!
  Selten blicke ich auf Deine Schönheit.
Ich rede unnütze Dinge
  und verliere mich selbst,
  wie es die Illusionen mir eingeben.

Helfe mir, diesen Weg zu verlassen
  und lehre mich,
  Heilsames zu sprechen.
Lass mich nicht stolz sagen:
  „Ich bin weise genug.
  Was ist schon mein höheres Selbst?
  Was ist das Göttliche in mir?
  Warum soll ich ihm folgen?“

Lass mich antworten:
„Weil Illusionen Leid bringen.
  Von ihnen will ich mich befreien,
  danach sehne ich mich.
Denn mein wahres Wesen ist
  weise, liebevoll und gerecht.“
Du willst mich bewahren

und behüten im ewigen Jetzt,
Du Göttliches in mir,
Du mein höheres Selbst!

Meditation 13

O Ewige!
Ich fühle mich verlassen,
getrennt von Dir,
als seiest Du nicht da.
Ich spüre nicht Deine Gegenwart!
Dein Licht ist mir verborgen.
Wie lange soll ich mich sorgen
und mich ängsten in meinem Herzen?
Wie lange werden meine Illusionen
Dich verleugnen?

Offenbare Dich,
erleuchte meine Augen mit Deiner Weisheit,
damit ich mir nicht verloren gehe
und mich nicht im Äußeren verstricke,
damit ich nicht am Ende bekennen muss:
„Ich habe mich geirrt.
Ich bin nicht meinen Weg gegangen,
ich habe nicht mein Leben gelebt,
ich habe mich verleugnet."

Lass nicht zu,
dass mich meine Illusionen überwältigen,
dass sie mächtig bleiben,

dass falsche Menschen sich freuen,
dass ich am Boden liege.

Ich hoffe,
Du offenbarst Dich in mir.
Dann freut sich mein Herz,
weil Du mich stärkst,
ich selbst zu sein.
Ich will Dir singen
und Dir danken,
weil Du mir Gutes tust,
Du Göttliches in mir,
Du mein höheres Selbst!

Meditation 14

O Ewige!
Mein Ego spricht:
„Es gibt kein höheres Selbst,
kein Göttliches in mir."

Ich aber weiß:
Mein Ego ist geleitet
von Illusionen.

Doch Du – o Ewige –
schaust auf mich.
Du willst,
dass ich Deine Weisheit liebe,
dass ich Deiner Liebe vertraue
und nach Deiner Gerechtigkeit frage.

Meine Illusionen
wollen nichts von Deiner Weisheit hören,
handeln nicht nach Deiner Liebe
und fragen nicht nach Deiner Gerechtigkeit.
Sie erkennen Dich nicht.
Sie schaden uns Menschen.
Sie stürzen ins Unglück.

Meine Illusionen verstricken mich
  und schüren Angst.

O Ewige!
Leite mich den Weg,
  meine Illusionen zu wandeln
  in heilendes Erkennen.
O mein höheres Selbst!
  Du gibst mir Zuversicht!

Ach, dass ich doch Deine Hilfe erkenne
  und Erlösung erfahre!
So werde ich glücklich,
Du Göttliches in mir,
  Du mein höheres Selbst!

Meditation 15

O mein höheres Selbst!
Wie erkenne ich,
  dass Du in mir wohnst?
Wie erkenne ich,
  dass Du in mir bleibst?
Wie erkenne ich,
  dass Du Weisheit bringst,
  dass Du Liebe gibst,
  dass Du Gerechtigkeit übst?

Wer Dir folgt,
  verleumdet nicht mit der Zunge,
  verbreitet keine Lügen
  und tut niemandem Arges.
Wer Dir folgt,
  schmäht nicht
  und macht keinen zum Sündenbock.
Wer auf Dich hört,
  ehrt alle Menschen.
Wer Dir treu bleibt,
  bleibt sich treu.
Wer Dir folgt,
  wird bleiben
  durch Dich,

Du Göttliches in mir,
Du mein höheres Selbst!

Meditation 16

O Ewige in mir!
Beschütze mich,
  denn ich vertraue Dir.
Ich sage:
  „Du bist göttlich,
  Du bist weise."

Ich will nicht mein Ego feiern,
  ich will nicht meine Trugbilder anbeten
  und ihre Worte im Munde führen.

Du bist mein Ursprung und Wesen,
  Du leitest mich mit Deiner Weisheit.
Ich spüre es des Nachts
  und am Tag.

Wenn ich vor Dir
  meine Augen verschließe,
  leide ich Schmerzen.
Wenn ich von Deiner Wirklichkeit
  nichts wissen will,
  bist Du dennoch bei mir
  und stehst mir zur Seite.

Ich öffne mich Deiner Gegenwart,
  Dir schenke ich mein Ohr.
So werde ich im göttlichen Sein leben.

Darüber freut sich mein Herz
  und meine Seele ist fröhlich.
Ich spüre Glück und Liebe
  statt Hass und Selbsthass.
Auch mein Körper ist geborgen,
  denn Du hast mich nicht überlassen
  den lebensfeindlichen Mächten.
Du hast nicht zugelassen,
  dass ich vergehe,
  die ich doch Deine Wohnstatt bin.
Du tust mir kund den Weg zum Leben.

Vor Dir ist Freude in Fülle
  im ewigen Jetzt,
Du Göttliches in mir,
  Du mein höheres Selbst!

Meditation 17

O Ewige!
Lass mich Deiner Weisheit folgen,
  Deine Liebe wahrnehmen,
  Deine Gerechtigkeit erkennen,
  damit meine Wut und Traurigkeit
  ein Ende finden.
Dann weiß ich:
  Du nimmst Dich meiner an
  und es wird gut.

Du prüfst mein Herz.
  Du weißt um mich bei Tag und Nacht.
Du willst,
  dass ich Dich erkenne.

Bewahre mein Herz vor Illusionen,
  halte sie fern von mir.
Lass mich verstehen:
  Du behütest mich,
  dass ich nicht falle.
Du wachst über mich.
Ich rufe zu Dir,
  Du wirst mich erhören.
Du wirst mir Dein Ohr zuneigen.

Wie wunderbar ist Deine Weisheit,
  wie herrlich Deine Liebe und Gerechtigkeit.
Öffne meine Augen,
  lass mich Dir vertrauen,
  lass mich Dich erkennen.

Ich bin wie Dein Augapfel.
  Du nimmst mich unter Deine Fittiche.
Du schützt mich vor meinen Illusionen,
  die mich verstören,
  die mich verwirren,
  die mich von meiner Berufung wegführen.

Meine Illusionen
  verwirren meinen Verstand.
Sie reden stolz
  und ohne Weisheit.
Sie lassen mich stürzen.

Sie sind wie ein Löwe,
  der mein Leben bedroht.
Sie beherrschen mich.

O mein göttliches Selbst!
Zeige mir,
  dass mich meine Illusionen
  nicht überwältigen können,

dass ich sicher bin
in Dir.

Ich schaue auf Dich:
Bei Dir ist die Fülle.
Du schenkst sie mir.
Lass mich Dein Wesen schauen,
lass mich Weisheit,
Liebe und Gerechtigkeit erkennen.
Dann werde ich erwachen
und glücklich sein im ewigen Jetzt,
Du Göttliches in mir,
Du mein höheres Selbst!

Meditation 18

O Ewige in mir!
Du bist meine Stärke,
  mein Fels
  und meine Burg!
Du bist mein Hort,
  meine Erretterin,
  auf die ich traue.
Du bist mein Schild,
  der mich beschützt!
Richte ich meinen Geist
  auf Dich,
so werde ich frei
  von meinen Illusionen.

Es umfingen mich
  die Fesseln der Täuschung
und das Dunkel
  erschreckte mich.
Da mir angst war,
  erinnerte ich mich an Dich
und ich erkannte Dein Wesen.

Du hast das Rufen
  meiner Seele vernommen.

Du sprachst zu mir –
da öffnete ich meine Ohren
und lauschte Deiner Stimme.

Die Erde bebte,
ihre Grundfesten waren erschüttert.
Die Zeit der Wahrheit
war gekommen.

Da war verzehrendes Feuer,
da waren Blitz und Donner.
Es neigten sich die Himmel,
die Weisheit schwebte
auf den Fittichen des Windes.
Es war um mich finster,
in dicken Wolken warst Du verborgen.
Von Deinem Glanz trennten mich Blitze,
es donnerte,
Hagel war überall.

Da erschreckte ich mich.
Ich sah das Meer und den Erdboden,
die Grundfesten des Lebens.
Ich hörte Deinen Odem
und begriff das Leben.
Du holst mich heraus aus großen Wassern,
Du errettest mich von meinem Wahn,

der mich überwältigt zur Zeit des Unglücks.
Du bist meine Zuversicht,
Du führst mich ins Weite.
Du reißt mich heraus,
Du sorgst für mich.

Lass Deine Liebe in mir wirken,
das heilt meine Seele.
Da ist keine Vergeltung,
da ist Heil.

Ich will Deine Wege gehen,
ich will Dich ehren.
Deine Weisheit nehme ich an,
Deine Liebe spüre ich.
Dein Licht habe ich vor Augen,
in Dir gibt es weder Sünde noch Schuld.
Ich spüre Deine Liebe und Dein Wesen –
in der Hinwendung zu Dir werde ich heil.

Bei Dir bin ich heilig,
Denn Du bist voller Licht.
Du hilfst den Elenden,
Du spendest Weisheit.

Das Stolze bleibt nicht stolz,
das Niedrige nicht niedrig.

Du erleuchtest meinen Geist,
  Du machst meine Finsternis licht.
Mit Dir überwinde ich meine Illusionen,
  mit Dir überspringe ich Mauern.
Deine Wege sind vollkommen,
  Deine Weisheit ist lauter.
Sie ist mein Schild,
  auf sie vertraue ich.

Wer ist wie Du?
  Du rüstet mich mit Kraft aus,
Du machst meine Wege gerade,
  Du lässt mich sicher stehen.
Du lehrst meine Hände,
  Du entmachtest meine Illusionen.
Du schenkst mir den Schild
  meines Heils.
Du gibst mir Raum,
  wenn ich mich schwach fühle.
Du machst mich stark,
  meine Füße werden nicht wanken.

Ich will begreifen,
  was in mir vorgeht.

Ich will meine Illusionen durchschauen
  und mich von ihnen abwenden.

Rüste mich mit Stärke aus,
wenn ich mir gegenüberstehe.
Du wirst mir helfen,
das Wesen des Wahns zu erkennen.

Du lebst in mir.
Du bist mein Schutz
und mein Heil.

Du zwingst niemanden,
Du führst zur Erkenntnis.
Du errettest und erhöhst.

Du seiest gelobt,
Dir sei gedankt.
Dir lobsinge ich unter den Menschen,
denn Du heilst mich
und tust mir wohl,
Du Göttliches in mir,
Du mein höheres Selbst!

Meditation 19

Himmel und Erde,
  – Sonne, Wind und Wasser –
offenbaren die Ewige!

Die Wunder der Welt
  sind Abglanz
  der Heiligen in mir.

Ein Tag sagt es dem anderen,
  eine Nacht tut es der anderen kund –
  in der wortlosen Stille,
  im leisen Hauch des Windes.

Was Himmel und Erde künden,
  geht aus in alle Lande.
Die wortlose Offenbarung reicht
  bis an der Welt Ende –
  sie gleicht der Sonne:
Das Gestirn geht auf
  und läuft von einem Ende bis ans andere.
Nichts bleibt vor seinem Lichte verborgen.

O Ewige!
  Du bist das Licht in mir!

Du bist vollkommen,
  Du erquickst mich.
Deine Weisheit ist wunderbar –
  sie macht mich froh.
Du erfreust mein Herz.

Deine Liebe und Dein Wesen sind lauter,
  sie erleuchten meine Augen.
Deine Weisheit ist vollkommen.

Alles an Dir ist wertvoller
  als Gold und Edelsteine.
Du bist süßer als Honig,
  Du erinnerst mein Herz
  an mein eigentliches Sein.
Du lehrst meinem Verstand
  Deine Weisheit.
Wer sich an Dich hält,
  empfängt großen Lohn.
Doch wie oft schaden mir
  meine Illusionen?

Bewahre mich vor ihnen,
  dass sie nicht über mich herrschen.
So werde ich frei!
Heile mich!

O Ewige!
Lass mein Herz sprechen:
„Du bist mein Schutz
   und meine Erlöserin,
Du Göttliches in mir,
   Du mein höheres Selbst!“

Meditation 20

O Ewige!
Du erhörst mich,
  Du, mein höheres Selbst, behütest mich.
Du sendest mir Hilfe von Deinem Wohnsitz,
  dem Heiligtum in mir.
Durch Dich werde ich weise.

Du gedenkst meiner Suche nach Erkenntnis,
  meiner Liebestaten und guten Gedanken.
Du gibst mir,
  wonach mein Herz sich sehnt.
Du führst mein Streben in die Fülle
  und meine Sehnsucht zur Erfüllung.

Ich sage zu Dir:
  „Du hilfst mir,
  Du bist die Göttin in mir,
  in die heiligen Himmel erhebst Du mich."

Meine Illusionen dagegen verlassen sich
  auf Lüge und Hass,
  auf Zorn und Wut.
Sie führen zu Krieg und Gewalt.
Doch ich wende mich zu Dir.

Ich verkünde Deine Weisheit,
ich spreche von Deiner Liebe und Gerechtigkeit.
Meine Illusionen aber wollen mich zu Fall bringen,
ich aber stehe aufrecht.
Hilf mir und offenbare Dich,
Du Göttliches in mir,
Du mein höheres Selbst!

Meditation 21

O Ewige!
Wie freue ich mich über Deine Weisheit!
Wie froh bin ich
  über Deine Liebe und Gerechtigkeit!
Du gibst mir,
  was mein Herz im Tiefsten wünscht!

Du bringst mir den Segen der Erkenntnis.
  Du setzt mir die goldene Krone
  der Weisheit aufs Haupt.

Erbitte ich Weisheit,
  dann spendest Du mir ein gutes
  und erfülltes Leben.
Ich empfinde große Ehrfurcht
  vor Deiner Weisheit.
Deine Liebe und Gerechtigkeit
  machen mich froh.
Du schmückst mich mit Erkenntnis.
  Ich lobe Dich
  und danke Dir.

Du machst mich zum Segen.
  So lebe ich in Freude vor Deinem Antlitz.

Ich werde Dich erkennen,
meine Illusionen durchschauen
und sie überwinden.
Durch Deine Weisheit enttarnst Du sie.
Du entzauberst sie
ganz ohne Zorn und Wut.
Du entziehst ihnen den Sinn.
Du nimmst ihnen ihre Kraft
und verwandelst alles in Weisheit.

Mein Ego denkt Übles,
fühlt es und tut es.
Das führt zu Wut und Leiden.

Doch Du verwandelst alles –
bei Dir ist Liebe,
nicht Hass,
Leben,
nicht Tod.

Durch Deine Weisheit befreist Du mich,
damit ich erkenne und verstehe,
wie meine Illusionen mich treiben.

Zu Dir wende ich mich!
Dann kann ich Dir singen,
Dich loben und Dir danken,

Du Göttliches in mir,
  Du mein höheres Selbst!

Meditation 22

O Ewige!
Lass mich erkennen:
  Du verlässt mich niemals,
    auch wenn ich mich verlassen fühle.
Deine Hilfe ist nah,
  auch wenn ich sie nicht spüre.

Des Tages rufe ich
  und des Nachts schweige ich nicht.
Wenn ich still werde,
  erkenne ich:
Du bist heilig,
  die Du in mir wohnst,
  Du bist ewig!

Ich rief zu Dir
  und erkannte:
„Wenn ich Deiner Stimme lausche,
  schenkst Du mir Dein Ohr."
Ich höre auf Dich
  und bin gerettet,
ich hoffe auf Dich
  und werde nicht verlassen.

Ich fühle mich ohnmächtig –
die Leute verspotten
und verachten mich.
Sie lästern über mich
und schütteln den Kopf.
Sie sagen:
„Niemand wird ihr helfen."

Da erkannte ich:
Du warst schon im Anbeginn bei mir.
Auf Dich bin ich geworfen
von Anfang an.
Und ich erkannte weiter:
Du bist mir nicht fern,
ob ich auch Angst habe
oder leide.

Meine Illusionen umgeben mich,
sie sind wie gewaltige Stiere,
sie sind wie brüllende und reißende Löwen.
Ich gleiche ausgeschüttetem Wasser.
Alle meine Gebeine sind gebrochen,
mein Herz ist geschmolzenes Wachs.
Meine Kräfte sind vertrocknet,
meine Zunge ist eine Glas–Scherbe.
Ich liege im Staub des Todes.

Meine Illusionen sind wie reißende Hunde,
  meine Täuschungen bedrängen mich.
Ich kann alle meine Rippen zählen,
  die Menschen haben Lust an meinem Leid.
Sie teilen mein Erbe,
  obwohl ich noch lebe.

Aber Du bist mir nicht ferne,
  Du bist meine Stärke!
Du eilst mir zu helfen!
  Du errettest mich vom Wahn,
  der Leid, Wut und Trauer bringt,
  der mich beschämt.

Du schützt mich Einsame
  vor kläffenden Hunden!

Da ich Dich nun erkenne,
  will ich Deine Weisheit verkünden.
Ich will Dich rühmen
  und sagen:
„Ehrt das Göttliche in Euch,
  denn es spendet
  Weisheit, Liebe und Gerechtigkeit.
  Es verachtet und verschmäht nicht
  das Elend der Armen.
  Es legt Euch Weisheit ins Herz.“

Dich will ich preisen,
  Dir will ich treu sein.

Meine Illusionen haben keinen Bestand,
  aber Du lebst ewig in mir.
Ich bekenne mich zu Dir
  und danke Dir.

O Ewige!
Du bist meine Begleiterin,
  voll Weisheit, Liebe und Gerechtigkeit.
Alle meine Illusionen vergehen,
  aber Dich werde ich immer tiefer erkennen.
Deshalb liebe ich dich
  und danke Dir!
Deine Weisheit trage Frucht,
  die sich in meinem Leben spiegele.
Mir gleich werden es Menschen tun,
  die Erkenntnis erlangen.
Sie werden danach leben,
  davon reden
  und singen.

Auch ich preise Deine Weisheit
  und lobe Deine Liebe und Gerechtigkeit,
Du Göttliches in mir,
  Du mein höheres Selbst!

Meditation 23

O Ewige!
Du bist meine Hirtin!
Nichts wird mir mangeln,
  denn Du lebst in mir.

Du weidest mich auf grünen Wiesen
  und führst mich zum frischen Wasser.
Du erquickst mich.

Du leitest mich auf der Straße der Weisheit,
  auf dem Pfade der Liebe und Gerechtigkeit.
Und ob ich schon wanderte
  im finstern Tal meiner Illusionen –
  ich fürchte sie nicht mehr,
  denn Du bist bei mir
  und erhältst mich.
Du sorgst für mich
  reichlich und großzügig.

Du machst mich zur Herrscherin über mich selbst
  und beschenkst mich überreich.
Weisheit, Liebe und Gerechtigkeit
  werden mir folgen.
Ich bleibe mit Dir verbunden im ewigen Jetzt,

Du Göttliches in mir,
Du mein höheres Selbst!

Meditation 24

Die Erde ist göttlich
  und was auf ihr lebt.
Die Meere sind göttlich
  und was sich in ihnen tummelt.
Die Menschen sind göttlich,
  sie spiegeln die Ewige.
Das Universum ist göttlich
  in all seiner Unendlichkeit.

Wer wandelt auf dem Weg
  der Weisheit?
Wer folgt der Spur
  der Liebe?
Wer wandert auf dem Pfad
  der Gerechtigkeit?

Jene, die nicht in ihren Illusionen verharren,
  die das Heilige in sich erkennen,
  die das Ewige in sich lieben,
diese werden Segen empfangen.

Weisheit wird bei ihnen Frucht bringen,
  Liebe und Gerechtigkeit werden ihr Heil sein.
Das sind die Menschen,

die nach Erkenntnis fragen,
die das Antlitz der Weisheit suchen.

Öffne die Tore Deiner Seele weit
– die Türen Deines Herzens –,
damit die Heilige in Dir wirke
und sie Deine Pfade lenke.

Sie ist eine Königin
und zieht in ihren Palast ein!
Was ist das für eine Königin?
Sie ist göttlich,
stark und weise.

Öffne weit die Tore Deines Herzens
und die Türen Deiner Seele,
dass die Ewige Deine Pfade lenke.
Was ist das für eine Königin?
Sie ist voll Weisheit,
Liebe und Gerechtigkeit!
Sie ist das Göttliche in Dir,
Dein höheres Selbst!

Meditation 25

O Ewige!
Nach Dir verlangt mich,
  auf Dich hoffe ich.
Wenn ich Dir vertraue,
  weiß ich:
  Du lässt mich nicht im Stich.

Du lebst in mir.
  Ich erkenne Dich
  und liebe Deine Weisheit.
Zeige mir Deine Wege
  und lehre mich Deine Pfade.
Hilf mir!

Durch Dich erstrahlt die ganze Welt.
Lass mich erkennen,
  dass Deine Liebe und Gerechtigkeit mächtig sind
  und Deine Weisheit ewig.
Darum erleuchtest Du mich
  und zeigst mir den wahren Weg
  durch das innere Licht.

Du leitest mich in Liebe und Gerechtigkeit,
  Du lehrst mich Weisheit.

So kann ich meinen Weg nach Dir ausrichten.
Deine Wege sind voll Weisheit,
  voll Liebe und Gerechtigkeit
  für alle,
    die sie gehen.
Lass mich verstehen:
  Du bist Liebe
  und die Liebe heilt.
Niemand braucht sich vor Dir zu ängstigen.
  Du unterweist,
    ohne Furcht zu verbreiten.
Du zeigst mir Deinen Weg
  in Weisheit und Gerechtigkeit.

Alle, die diesen Weg gehen,
  leben gut.
Sie sind froh und glücklich,
  weil sie Dein Licht schauen.

Du bist ein Geheimnis.
Allen aber, die Dich erkannt haben,
  wird es offenbar.

Meine Augen sehen stets zu Dir,
  Du wirst meinen Fuß aus dem Netz ziehen.
Ich brauche nicht zu bitten:
  „Wende Dich mir zu

denn ich bin einsam und elend."
Denn Du weißt bereits,
was ist.
Du weißt alles.

Die Angst meines Herzens ist groß;
aber Du zeigst mir:
Sie ist Illusion!
Siehe an meine Not!
Du zeigst mir:
Sie ist Illusion!

Ich werde von ihr befreit
wie von einem bösen Traum.
Lass diese Erkenntnis in mir wachsen,
so bewahrst Du mich
und ich werde heil.
So werde ich nicht vergehen,
denn ich traue Deiner Weisheit,
ich hoffe auf Deine Liebe und Gerechtigkeit.

So behütest Du mich.
Ich harre auf Dich!
Alle meine Not versinkt ins Nichts,
denn Du machst mich glücklich,
Du Göttliches in mir,
Du mein höheres Selbst!

Über die Autorin

Für Anna vom Sternengrund ist Spiritualität ein entscheidender Teil ihres Lebens. Seit mehr als zwanzig Jahren meditiert sie täglich. Dabei praktiziert und erprobt sie Meditationsformen und spirituelle Übungen aus verschiedenen Traditionen. Auf ihrer Suche nach (Selbst-)Erkenntnis setzt sie sich intensiv mit verschiedenen Religionen und Philosophien auseinander. Daneben hat sie ein wissenschaftliches Studium der Germanistik, Religionswissenschaft und Theologie absolviert. Ihr (Herzens-)Anliegen ist es, spirituelle Tiefe mit geistiger Weite zu verbinden, um den Menschen den Weg zu mehr Lebensfreude und Zufriedenheit zu ebnen. Unter ihrem bürgerlichen Namen arbeitet sie als Journalistin, Bloggerin und Sachbuchautorin.

Kontakt zu Autorin und Verlag

Wenn du Interesse hast, mit Anna vom Sternengrund oder dem Verlag Brockenmystik in Kontakt zu treten, freuen wir uns über deine Nachricht. Schreibe uns eine E-Mail an kontakt@brockenmystik.de oder abonniere unseren Newsletter über die Verlagswebsite https://brockenmystik.de. So erhältst Du regelmäßig Neuigkeiten über uns und unsere Bücher sowie spirituelle Impulse. Schau auch mal auf unseren Social Media Kanälen vorbei!

- Facebook: facebook.com/verlagbrockenmystik
- Instagram: instagram.com/verlagbrockenmystik
- YouTube: youtube.com/@Brockenmystik

Rechtlicher Hinweis/Haftungshinweis

Dieses Buch kann und will eine persönliche Beratung oder Therapie nicht ersetzen. Die Autorin hat sich bemüht, in diesem Buch nur korrekte Informationen wiederzugeben. Dennoch kann sie Fehler und Unklarheiten nicht ausschließen. Daher übernimmt die Autorin keinerlei Gewähr für die Richtigkeit, Aktualität, Vollständigkeit und Qualität des vorliegenden Werkes. Für Schäden, die durch die Nutzung oder Nichtnutzung der in diesem Buch bereitgestellten Informationen mittelbar oder unmittelbar entstehen, haftet die Verfasserin nicht. Für Hinweise auf Unklarheiten und Fehler ist die Autorin dankbar.

Mystischer Psalter: Buch des Trostes (Band 2)

Anna vom Sternengrund: Mystischer Psalter. Meditation heilsamer Worte, Band 2 - Buch des Trostes, Verlag Brockenmystik, Wernigerode 2024, Hardcover: 978-3-933246-96-7, E-Book: 978-3-933246-97-4 (erscheint voraussichtlich 2024)

Der zweite Band des Mystischen Psalters beschreibt den weiteren Fortgang des inneren Weges zu einem erfüllten und glücklichen Leben. Hindernisse auf dem Weg

werden offen und ehrlich angesprochen. Denn der Mensch folgt dem Ruf seines höheren Selbst nicht widerstandslos. Er kämpft vielmehr mit Zweifeln und Sorgen. Gleichzeitig erfährt er Schutz und Hilfe durch das Göttliche in ihm. Es tröstet und stärkt ihn auf seinem Weg zur Selbst- und Welt-Erkenntnis und zum Glück. Schon im Hier und Jetzt kann der Mensch Freude, Zuversicht und Dankbarkeit empfinden und Erkenntnisfortschritte spüren. Das zentrale Motiv des zweiten Bandes ist der Trost. Er verleiht dem Menschen innere Ruhe und mentale Stärke.

Mystischer Psalter: Buch des Vertrauens (Band 3)

Anna vom Sternengrund: Mystischer Psalter. Meditation heilsamer Worte, Band 3 - Buch des Vertrauens, Verlag Brockenmystik, Wernigerode 2024, Hardcover: 978-3-933246-94-3, E-Book: 978-3-933246-95-0 (erscheint voraussichtlich 2024)

Auf dem Weg zur wahren Bestimmung des Menschen, zu innerer Stärke und Gelassenheit, zu Glück und Freude, muss der Mensch die Schwelle des Unbekannten überschreiten und viele Prüfungen bestehen. Davon handelt der dritte Band des Mystischen Psalters. Zugleich kann er sich getragen fühlen durch sein höheres Selbst, dem er vertrauen kann. So ist Vertrauen das zentrale Thema des dritten Bandes. Er meditiert die Erkenntnis, dass der Mensch Vertrauen in sein höheres Selbst braucht, um auf seinem inneren Wachstumspfad voranzuschreiten. Ohne Vertrauen ist es nicht möglich, die Prüfungen des Alltags zu bestehen und gleichzeitig an Selbst- und Welt-Erkenntnis zu wachsen. So schwer der Weg manchmal auch sein mag: Der Mystische Psalter macht Mut! Er vermittelt Ruhe und Gelassenheit und beschönigt dennoch nichts. So holt er den Menschen dort ab, wo er gerade steht.

Bibliografische Information der Deutschen Nationalbibliothek
Die Deutsche Nationalbibliothek verzeichnet diese Publikation in der Deutschen Nationalbibliografie; detaillierte bibliografische Daten sind im Internet über http://dnb.d–nb.de abrufbar.

Print–ISBN 978–3–933246–98–1
E–Book–ISBN 978–3–933246–99–8

Verlag Brockenmystik, Dornbergsweg 2, 38855 Wernigerode
www.brockenmystik.de, Kontakt: kontakt@brockenmystik.de

Umschlagsgestaltung: Mike Hopf, orange-idea.de

Druck und Distribution: tredition GmbH, Heinz-Beusen-Stieg 5, 22926 Ahrensburg